школа - школа	2
подорож - путешествие	5
транспорт - транспорт	8
місто - город	10
ландшафт - ландшафт	14
ресторан - ресторан	17
супермаркет - супермаркет	20
напої - напитки	22
їжа - еда	23
ферма - ферма	27
дім - дом	31
вітальня - гостиная	33
кухня - кухня	35
ванна кімната - ванная комната	38
дитяча кімната - детская комната	42
одяг - одежда	44
офіс - офис	49
економіка - экономика	51
професії - профессии	53
інструменти - инструменты	56
музичні інструменти - музыкальные инструменты	57
зоопарк - зоопарк	59
спорт - спорт	62
дії - действия	63
сім'я - семья	67
тіло - тело	68
лікарня - больница	72
аварійний випадок - неотложный случай	76
Земля - земля	77
годинник - часы	79
тиждень - неделя	80
рік - год	81
форми - формы	83
фарби - цвета	84
протилежності - противоположности	85
числа - цифры	88
мови - языки	90
хто / що / як - кто / что / как	91
де - где	92

Impressum
Verlag: BABADADA GmbH, Nedderfeld 112 , 22529 Hamburg
Geschäftsführer / Verlagsleitung: Harald Hof
Druck: Books on Demand GmbH, In de Tarpen 42, 22848 Norderstedt

Imprint
Publisher: BABADADA GmbH, Nedderfeld 112 , 22529 Hamburg, Germany
Managing Director / Publishing direction: Harald Hof
Print: Books on Demand GmbH, In de Tarpen 42, 22848 Norderstedt, Germany

школа

школа

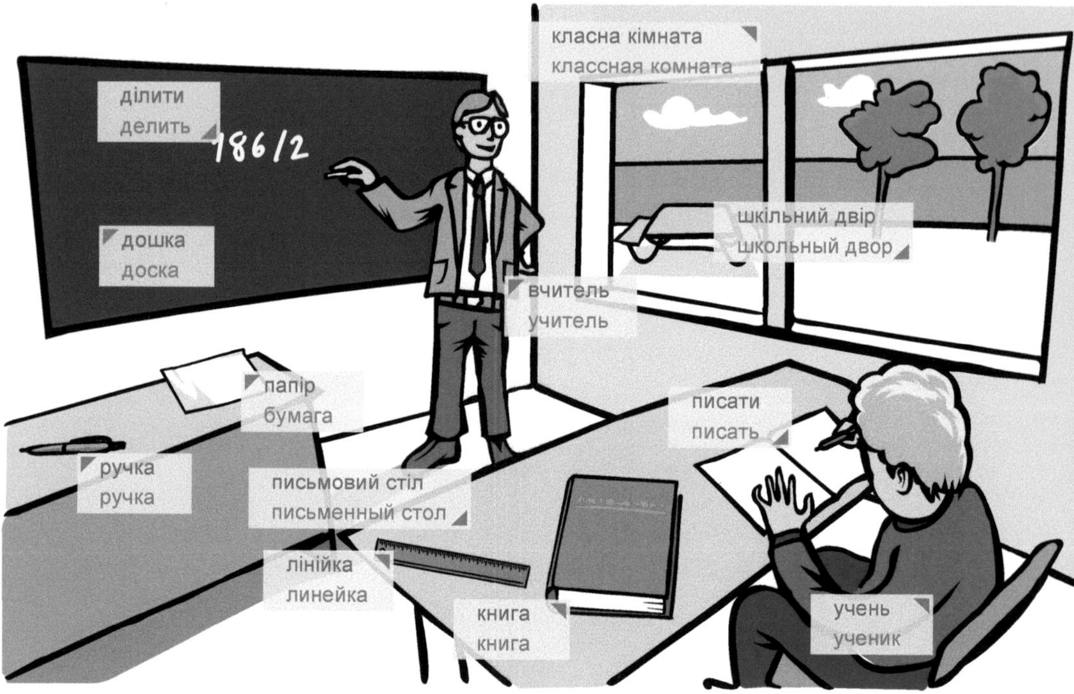
класна кімната
классная комната
ділити
делить
186/2
дошка
доска
шкільний двір
школьный двор
вчитель
учитель
папір
бумага
писати
писать
ручка
ручка
письмовий стіл
письменный стол
лінійка
линейка
книга
книга
учень
ученик

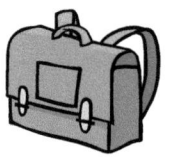

ранець

ранец

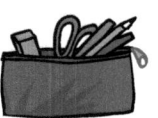

пенал

пенал

олівець

карандаш

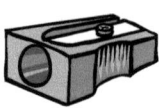

точило

точилка

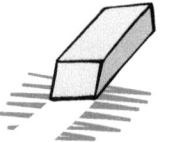

гумка

ластик

альбом для малювання

альбом для рисования

малюнок

рисунок

пензель

кисточка

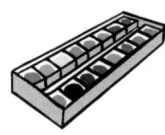

коробка фарб

коробка красок

ножиці

ножницы

клей

клей

зошит

тетрадь

домашнє завдання

домашняя работа

число

цифра

додавати

прибавлять

віднімати

вычитать

множити

умножать

рахувати

считать

літера

буква

абетка

алфавит

слово

слово

текст

текст

читати

читать

крейда

мел

година

урок

класний журнал

классный журнал

екзамен

экзамен

диплом

диплом

шкільна форма

школьная форма

освіта

образование

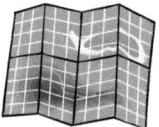

лексикон

энциклопедия

університет

университет

мікроскоп

микроскоп

карта

карта

кошик для паперу

корзина для бумаг

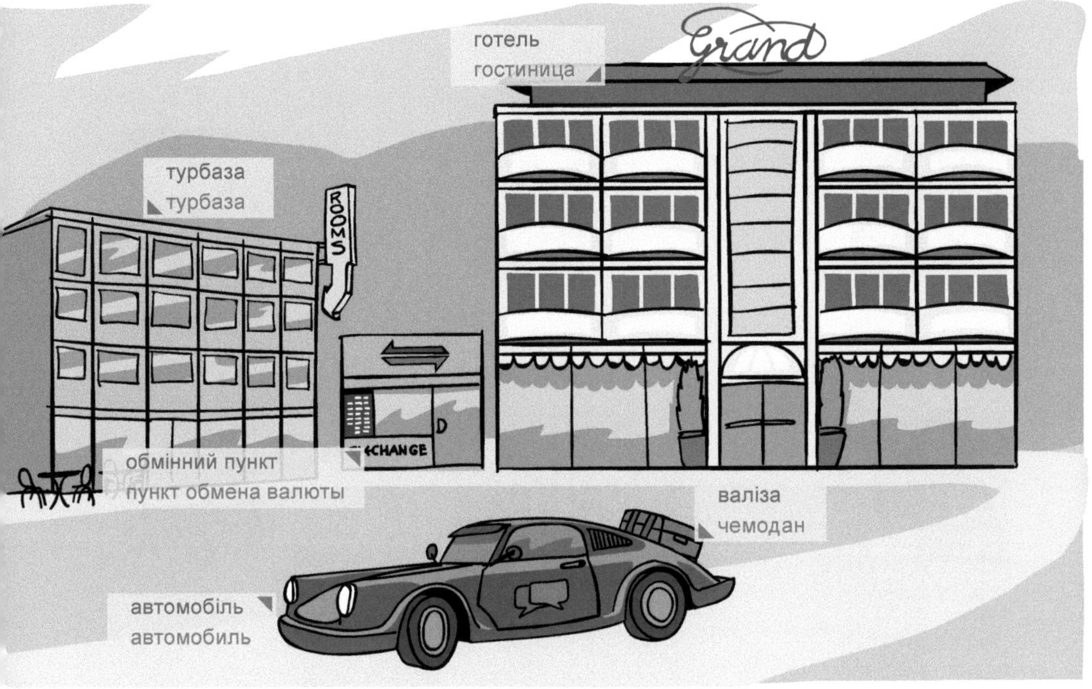
готель
гостиница
Grand
турбаза
турбаза
ROOMS
EXCHANGE
обмінний пункт
пункт обмена валюты
валіза
чемодан
автомобіль
автомобиль

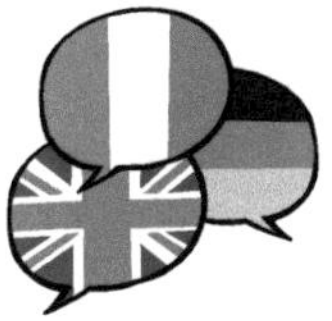

мова

язык

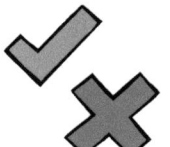

так / ні

да / нет

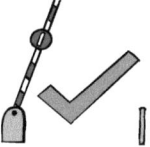

добре

хорошо

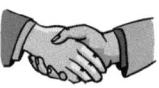

привіт

Привет

перекладач

переводчик

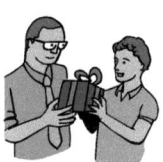

дякую

Спасибо

Скільки коштує ...?

Сколько стоит...?

Я не розумію

Я не понимаю

проблема

проблема

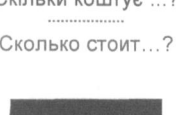

Добрий вечір!

Добрый вечер!

Доброго ранку!

Доброе утро!

На добраніч!

Доброй ночи!

До побачення

До свидания

напрямок

направление

багаж

багаж

сумка

сумка

рюкзак

рюкзак

гість

гость

кімната

комната

спальний мішок

спальный мешок

намет

палатка

туристична інформація
....
туристическая
информация

пляж
....
пляж

кредитна картка
....
кредитная карточка

сніданок
....
завтрак

обід
....
обед

вечеря
....
ужин

квиток
....
билет

ліфт
....
лифт

поштова марка
....
почтовая марка

межа
....
граница

митниця
....
таможня

посольство
....
посольство

віза
....
виза

паспорт
....
паспорт

подорож - путешествие

транспорт
транспорт

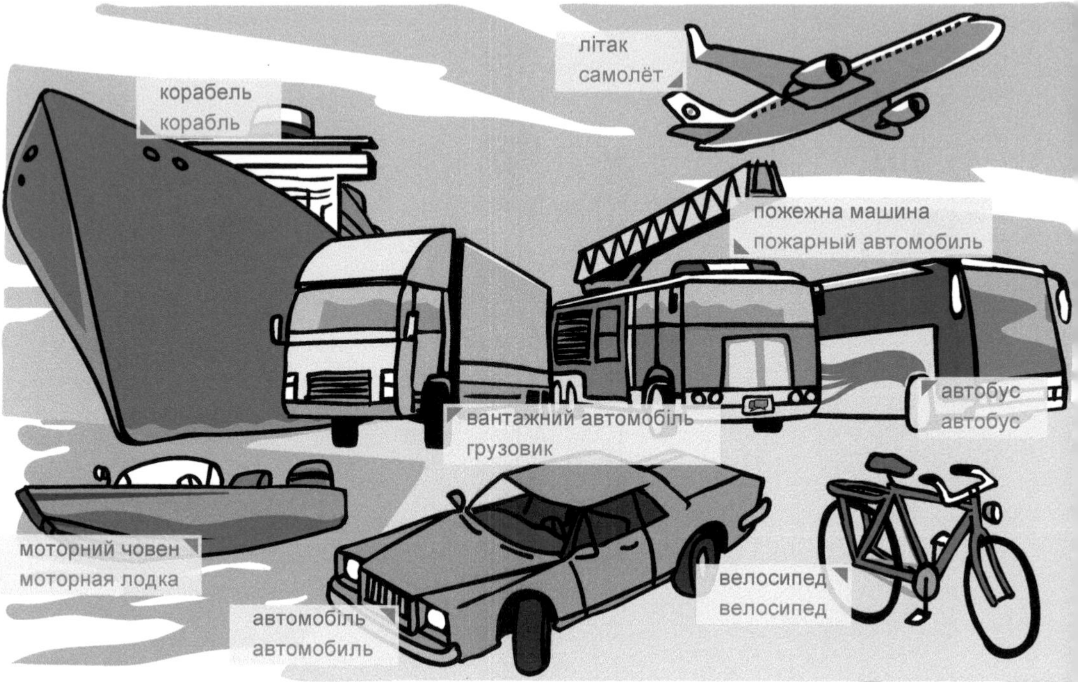
літак
самолёт
корабель
корабль
пожежна машина
пожарный автомобиль
автобус
автобус
вантажний автомобіль
грузовик
моторний човен
моторная лодка
велосипед
велосипед
автомобіль
автомобиль

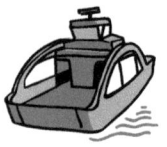

пором

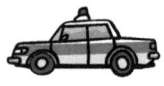

паром

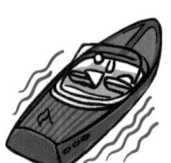

човен

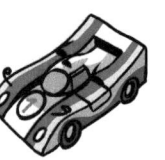

лодка

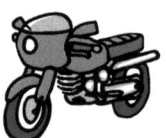

мотоцикл

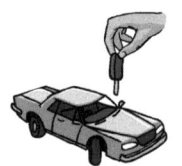

мотоцикл

поліцейська машина

полицейский автомобиль

гоночний автомобіль

гоночный автомобиль

автомобіль на прокат

арендованный автомобиль

спільне користування авто

совместное пользование
автомобилями

евакуатор

буксировочный
автомобиль

сміттєвоз

мусоровоз

двигун

двигатель

паливо

топливо

автозаправна станція

заправка

дорожній знак

дорожный знак

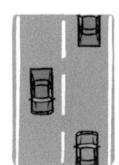

рух

движение

затор

пробка

стоянка

автостоянка

вокзал

вокзал

рейки

рельсы

потяг

поезд

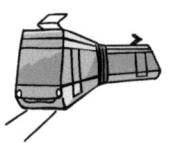

трамвай

трамвай

вагон

вагон

гелікоптер

вертолёт

аеропорт

аэропорт

вежа

вышка

пасажир

пассажир

контейнер

контейнер

коробка

коробка

візок

тележка

кошик

корзина

стартувати / приземлятися

взлетать / приземляться

місто

город

село

деревня

центр міста

центр города

дім

дом

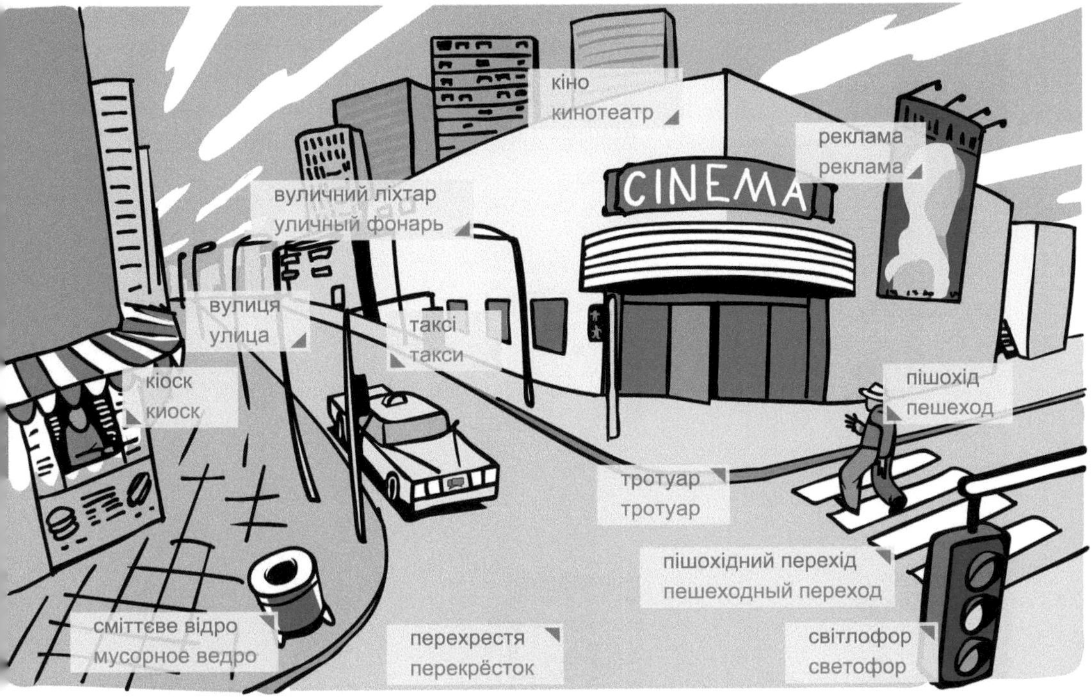

кіно
кинотеатр

реклама
реклама

вуличний ліхтар
уличный фонарь

CINEMA

вулиця
улица

таксі
такси

пішохід
пешеход

кіоск
киоск

тротуар
тротуар

пішохідний перехід
пешеходный переход

сміттєве відро
мусорное ведро

перехрестя
перекрёсток

світлофор
светофор

хатина
хижина

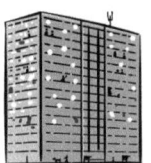

квартира
квартира

вокзал
вокзал

ратуша
ратуша

музей
музей

школа
школа

місто - город

університет

університет

банк

банк

лікарня

больница

готель

гостиница

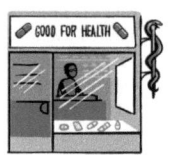

аптека

аптека

офіс

офис

книжковий магазин

книжный магазин

магазин

магазин

квітковий магазин

цветочный магазин

супермаркет

супермаркет

ринок

рынок

універмаг

универмаг

торговець рибою

торговец рыбой

торговельний центр

торговый центр

гавань

порт

парк
парк

лава
скамейка

міст
мост

сходи
лестница

метро
метро

тунель
тоннель

автобусна зупинка
автобусная остановка

бар
бар

ресторан
ресторан

поштова скринька
почтовый ящик

вулична табличка
табличка с названием
улицы

лічильник паркування
паркометр

зоопарк
зоопарк

басейн
бассейн

мечеть
мечеть

ферма

ферма

забруднення
навколишнього
середовища

загрязнение окружающей
среды

кладовище

кладбище

церква

церковь

дитячий майданчик

детская площадка

храм

храм

ландшафт

ландшафт

листок
лист

вказівний стовп
дорожный указатель

шлях
дорога

луг
луг

камінь
камень

дерево
дерево

мандрівник
путешественник

річка
река

трава
трава

квітка
цветок

долина

долина

гора

гора

озеро

озеро

ліс

лес

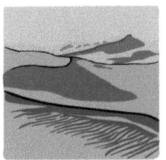

пустеля

пустыня

вулкан

вулкан

замок

замок

веселка

радуга

гриб

гриб

пальма

пальма

комар

комар

муха

муха

мурашка

муравей

бджола

пчела

павук

паук

жук
жук

жаба
лягушка

вивірка
белка

їжак
еж

заєць
заяц

сова
сова

птах
птица

лебідь
лебедь

кабан
кабан

олень
олень

лось
лось

гребля
плотина

вітряк
ветряной генератор

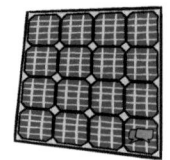

сонячний модуль
солнечная батарея

клімат
климат

ресторан

ресторан

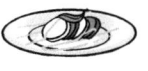

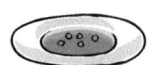

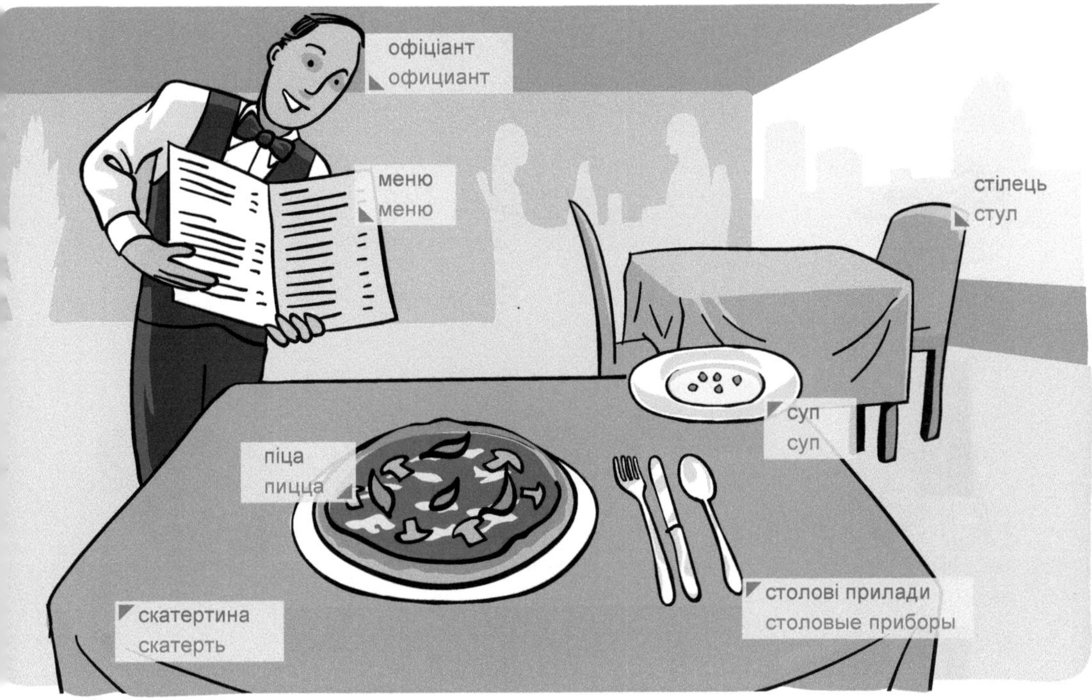
офіціант
официант
меню
меню
стілець
стул
суп
суп
піца
пицца
столові прилади
столовые приборы
скатертина
скатерть

закуска

закуска

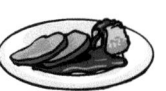

друга страва

главное блюдо

десерт

десерт

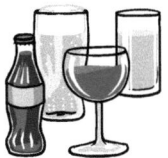

напої

напитки

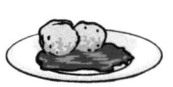

їжа

еда

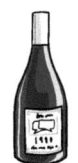

пляшка

бутылка

фаст-фуд

фастфуд

вулична їжа

уличная еда

чайник

чайник

цукорниця

сахарница

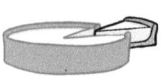

порція

порция

еспресо-машина

кофеварка

високий стільчик

детский стульчик

рахунок

счет

піднос

поднос

ніж

нож

вилка

вилка

ложка

ложка

чайна ложка

чайная ложка

серветка

салфетка

склянка

стакан

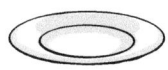

тарілка

тарелка

тарілка для супу

суповая тарелка

блюдце

блюдце

соус

соус

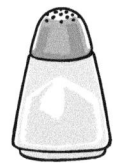

солонка

солонка

млин для перцю

мельница для перца

оцет

уксус

масло

масло

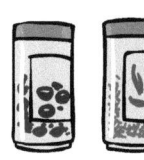

спеції

специи

кетчуп

кетчуп

гірчиця

горчица

майонез

майонез

супермаркет

супермаркет

пропозиція
специальное предложение
FOR
клієнт
покупатель
молочні продукти
молочные продукты
фрукти
фрукты
візок для покупок
тележка для покупок

BUTCHERS

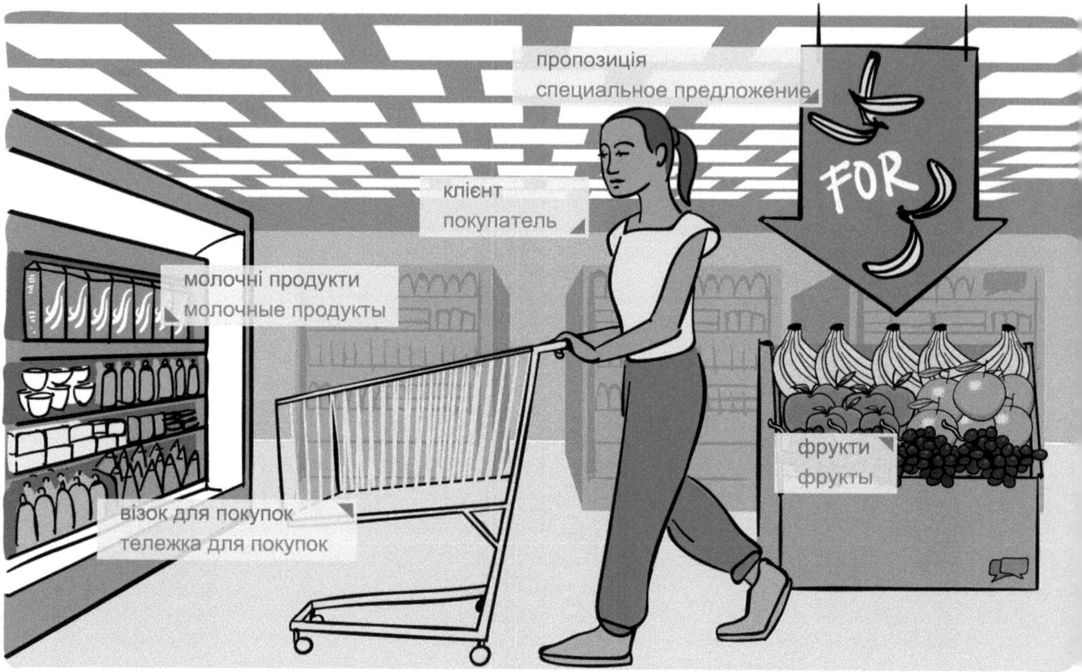

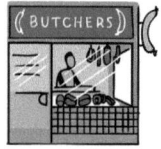

м'ясний магазин

мясной магазин

BAKERY

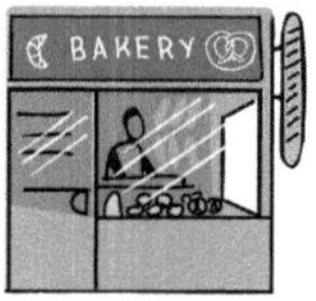

пекарня

пекарня

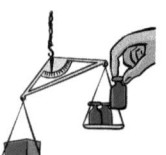

зважувати

взвешивать

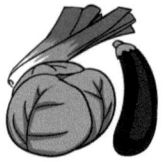

овочі

овощи

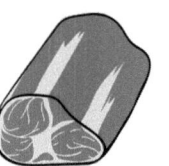

м'ясо

мясо

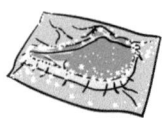

заморожені продукти

быстрозамороженные продукты

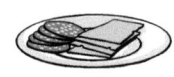

ковбасна нарізка

нарезка

консерви

консервы

пральний порошок

стиральный порошок

солодощі

сладости

предмети домашнього побуту

предмет домашнего обихода

мийний засіб

моющее средство

продавщиця

продавщица

каса

касса

касир

кассир

список покупок

список покупок

часи роботи

время работы

гаманець

бумажник

кредитна картка

кредитная карточка

сумка

сумка

поліетиленовий пакет

полиэтиленовый пакет

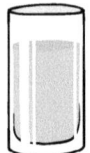

вода

вода

сік

сок

молоко

молоко

кола

кока-кола

вино

вино

пиво

пиво

алкоголь

алкоголь

какао

какао

чай

чай

кава

кофе

еспресо

эспрессо

капучіно

капучино

банан

банан

яблуко

яблоко

апельсин

апельсин

кавун

арбуз

лимон

лимон

морква

морковь

часник

чеснок

бамбук

бамбук

цибуля

лук

гриб

гриб

горішки

орехи

локшина

лапша

спагеті

спагетти

рис

рис

салат

салат

картопля фрі

картофель фри

смажена картопля

жареный картофель

піца

пицца

гамбургер

гамбургер

бутерброд

сэндвич

шніцель

шницель

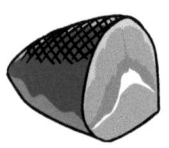

шинка

ветчина

салямі

салями

ковбаса

колбаса

курка

курица

печеня

жаркое

риба

рыба

вівсяні пластівці

овсяные хлопья

мюслі

мюсли

кукурудзяні пластівці

кукурузные хлопья

борошно

мука

круасан

круассан

булочка

булочка

хліб

хлеб

тостовий хліб

тост

печиво

печенье

масло

масло

сир

творог

пиріг

пирог

яйце

яйцо

яєчня

яичница

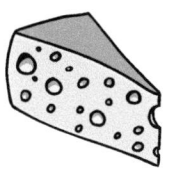

сир

сыр

їжа - еда

25

морозиво

мороженое

цукор

сахар

мед

мёд

мармелад

мармелад

нуга-крем

крем с нугой

карі

карри

ферма

ферма

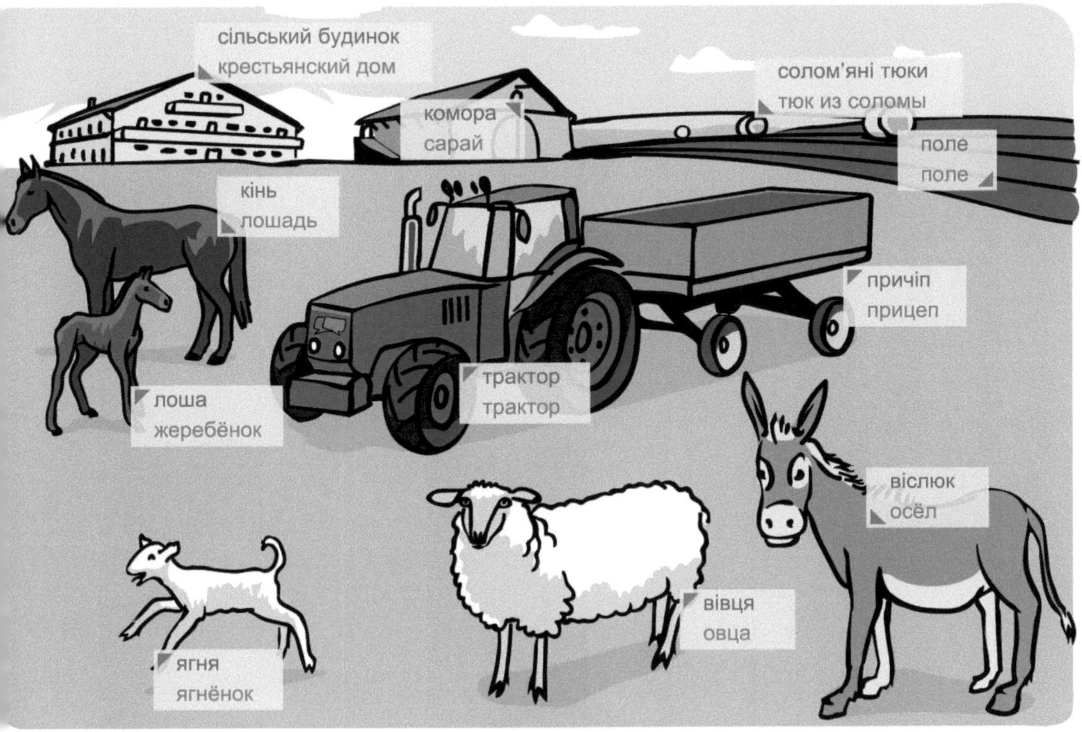
сільський будинок
крестьянский дом
комора
сарай
солом'яні тюки
тюк из соломы
поле
поле
кінь
лошадь
причіп
прицеп
трактор
трактор
лоша
жеребёнок
віслюк
осёл
вівця
овца
ягня
ягнёнок

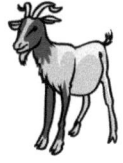

коза

коза

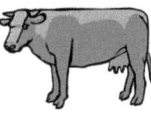

корова

корова

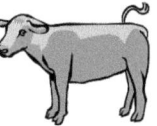

теля

телёнок

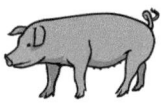

свиня

свинья

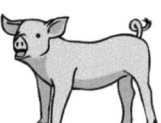

порося

поросёнок

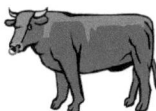

бик

бык

гусак
гусь

качка
утка

курча
цыплёнок

курка
курица

півень
петух

щур
крыса

кіт
кошка

миша
мышь

віл
вол

собака
собака

собача будка
конура

садовий шланг
садовый шланг

лійка
лейка

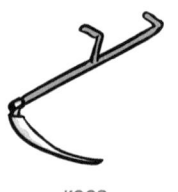

коса
коса

плуг
плуг

серп

серп

мотика

мотыга

вила

навозные вилы

сокира

топор

тачка

тачка

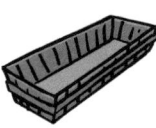

корито

корыто

бідон молока

бидон для молока

мішок

мешок

паркан

забор

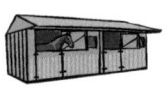

хлів

хлев

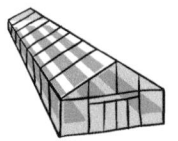

теплиця

теплица

ґрунт

почва

насіння

посев

добриво

удобрение

комбайн

комбайн

пожинати

собирать урожай

урожай

урожай

корінь ямсу

ямс

пшениця

пшеница

соя

соя

картопля

картофель

кукурудза

кукуруза

ріпак

рапс

плодове дерево

фруктовое дерево

маніок

маниок

злаки

злаки

ферма - ферма

димохід
дымоход

дах
крыша

водостічний лоток
водосточный желоб

вікно
окно

гараж
гараж

дзвінок
звонок

двері
дверь

відро для сміття
мусорное ведро

поштова скринька
почтовый ящик

сад
сад

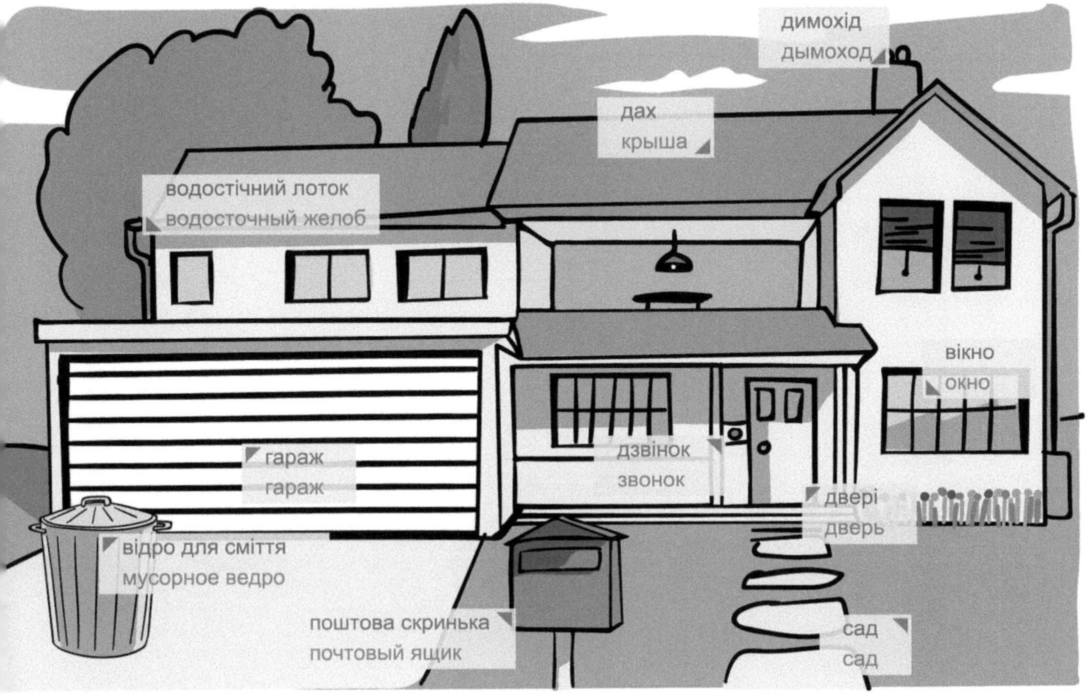

вітальня

гостиная

ванна кімната

ванная комната

кухня

кухня

спальня

спальня

дитяча кімната

детская комната

їдальня

столовая

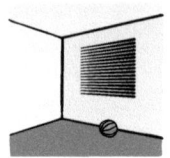

підлога

пол

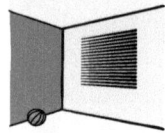

стіна

стена

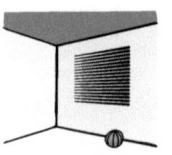

стеля

потолок

підвал

подвал

сауна

сауна

балкон

балкон

тераса

терраса

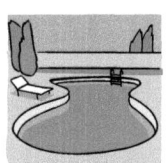

басейн

бассейн

косарка

газонокосилка

простирало

пододеяльник

ковдра

покрывало

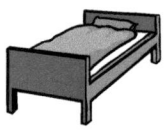

ліжко

кровать

мітла

метла

відро

ведро

перемикач

выключатель

вітальня
гостиная

шпалери
обои
малюнок
рисунок
лампа
лампа
поличка
полка
шафа
шкаф
телевізор
телевизор
камін
камин
квітка
цветок
подушка
подушка
диван
диван
ваза
ваза
пульт
пульт дистанционного управления

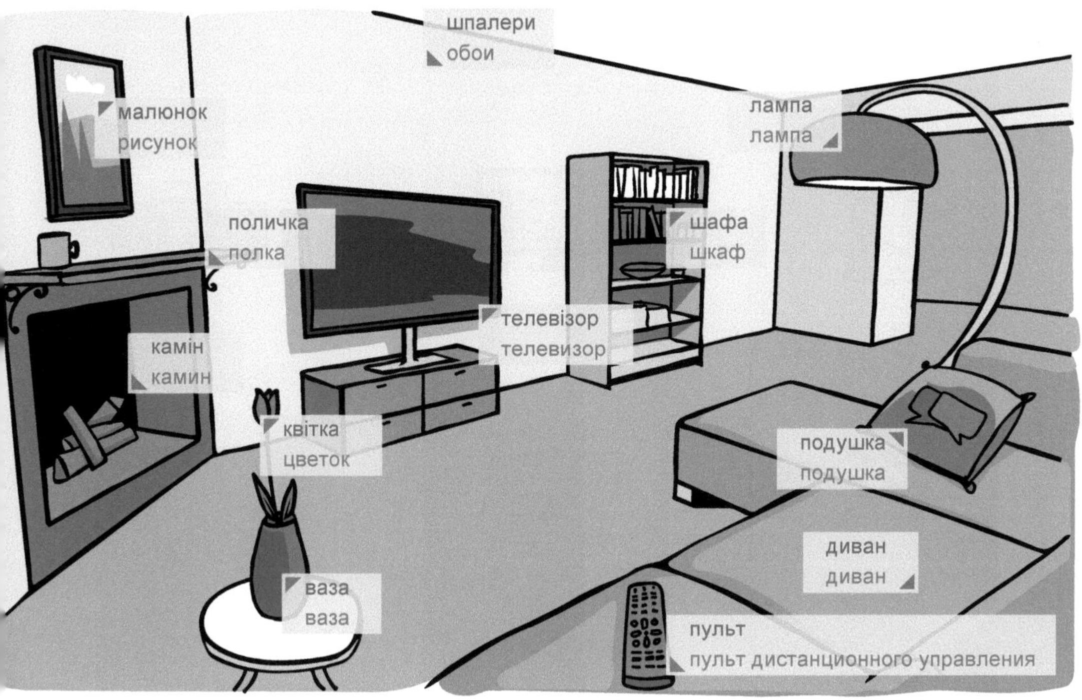

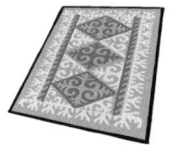

килим

ковёр

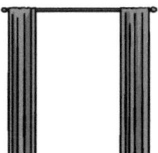

завіса

штора

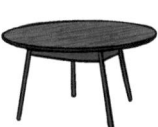

стіл

стол

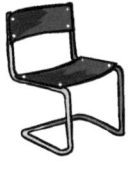

стілець

стул

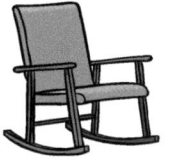

крісло-гойдалка

кресло-качалка

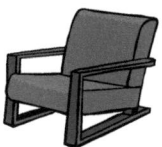

крісло

кресло

книга

книга

ковдра

покрывало

прикраса

украшение

дрова

дрова

фільм

фильм

стереосистема

стереосистема

ключ

ключ

газета

газета

картина

картина

плакат

плакат

радіо

радио

блокнот

блокнот

пилосос

пылесос

кактус

кактус

свічка

свеча

кухня
кухня

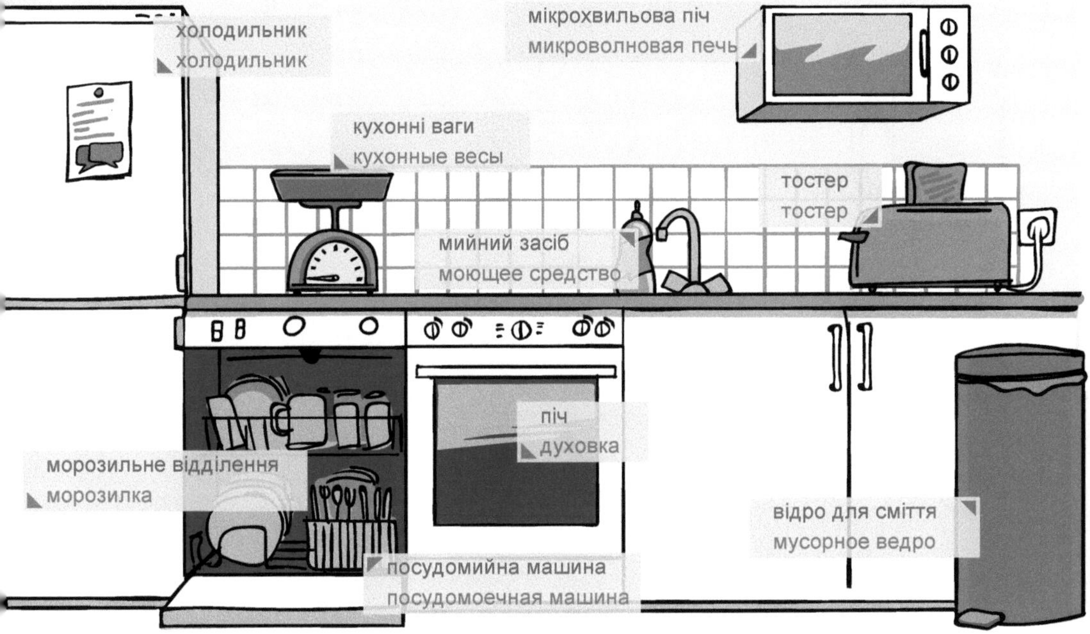
холодильник
холодильник
мікрохвильова піч
микроволновая печь
кухонні ваги
кухонные весы
тостер
тостер
мийний засіб
моющее средство
піч
духовка
морозильне відділення
морозилка
відро для сміття
мусорное ведро
посудомийна машина
посудомоечная машина

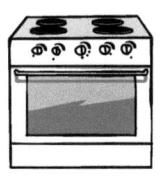

плита
плита

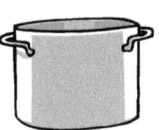

горщик
кастрюля

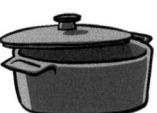

чавунний горщик
чугунный котелок

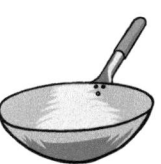

вок / кадай
вок / кадай

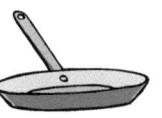

сковорода
сковорода

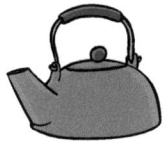

чайник
чайник

пароварка

пароварка

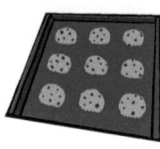

лист

противень

посуд

посуда

кухоль

кружка

чаша

миска

палички для їжі

палочки для еды

черпак

половник

лопатка

лопатка

вінчик для збивання

сбивалка

сито

сито

сито

сито

терка

тёрка

ступка

ступка

барбекю

гриль

багаття

костёр

дошка
доска

качалка
скалка

штопор
штопор

конзерва
жестяная банка

відкривачка
консервный нож

прихватки
прихватка

раковина
раковина

щітка
щетка

губка
губка

міксер
миксер

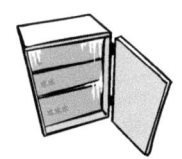

морозильна камера
морозильная камера

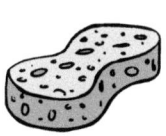

дитяча пляшка
бутылочка для кормления

кран
кран

ванна кімната

ванная комната

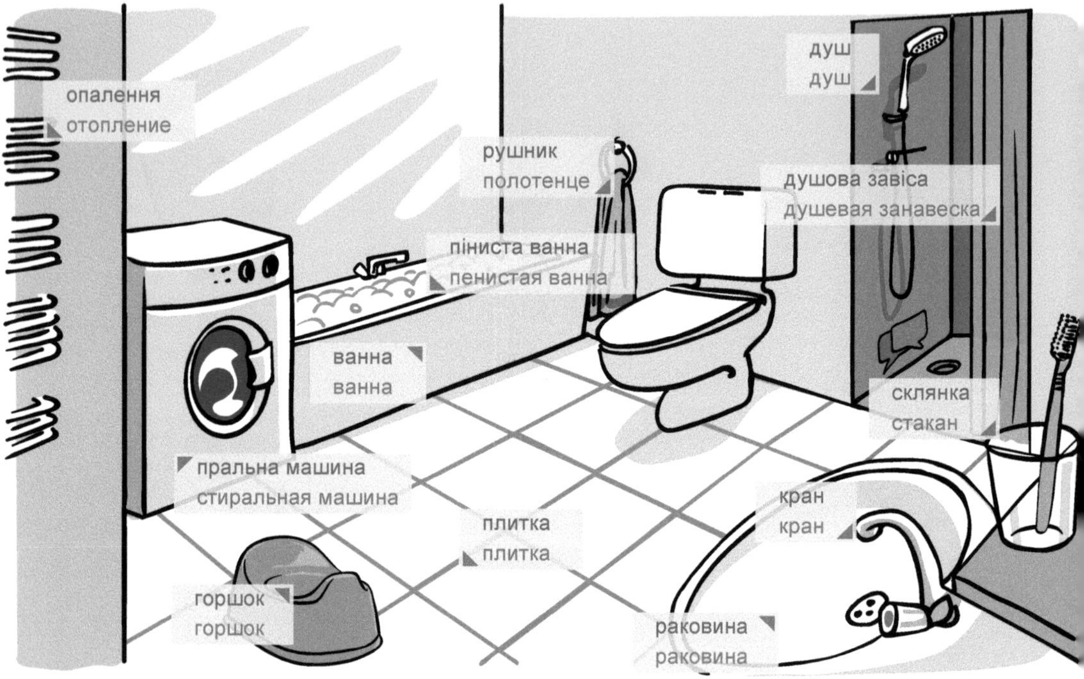
опалення
отопление
рушник
полотенце
душ
душ
душова завіса
душевая занавеска
пiниста ванна
пенистая ванна
ванна
ванна
склянка
стакан
пральна машина
стиральная машина
кран
кран
плитка
плитка
горшок
горшок
раковина
раковина

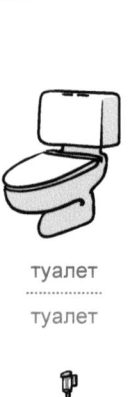

туалет

туалет

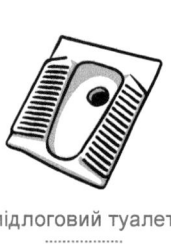

підлоговий туалет

напольный унитаз

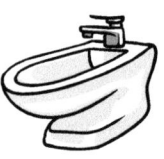

біде

биде

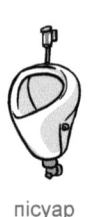

пісуар

писсуар

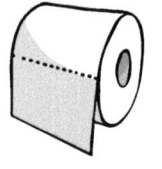

туалетний папір

туалетная бумага

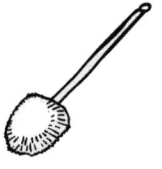

щітка для туалету

ершик

зубна щітка

зубная щетка

зубна паста

зубная паста

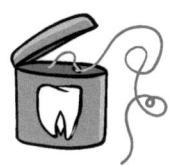

нитка для чищення зубів

зубная нить

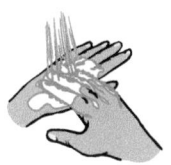

мити

мыть

ручний душ

ручной душ

інтимний душ

интимный душ

таз

таз

щітка для спини

щетка для спины

мило

мыло

гель для душу

гель для душа

шампунь

шампунь

мочалка

мочалка

водостік

сток

крем

крем

дезодорант

дезодорант

дзеркало

зеркало

косметичне дзеркало

ручное зеркало

бритва

бритва

піна для гоління

пена для бритья

лосьйон після гоління

лосьон после бритья

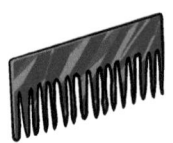

гребінь

расческа

щітка

щетка

фен

фен

лак для волосся

лак для волос

косметика

косметика

губна помада

губная помада

лак для нігтів

лак для ногтей

вата

вата

ножиці для нігтів

маникюрные ножницы

парфум

духи

косметичка

косметичка

табурет

табуретка

ваги

весы

халат

халат

гумові рукавички

резиновые перчатки

тампон

тампон

гігієнічні прокладки

гигиеническая прокладка

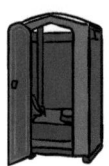

біотуалет

биотуалет

дитяча кімната

детская комната

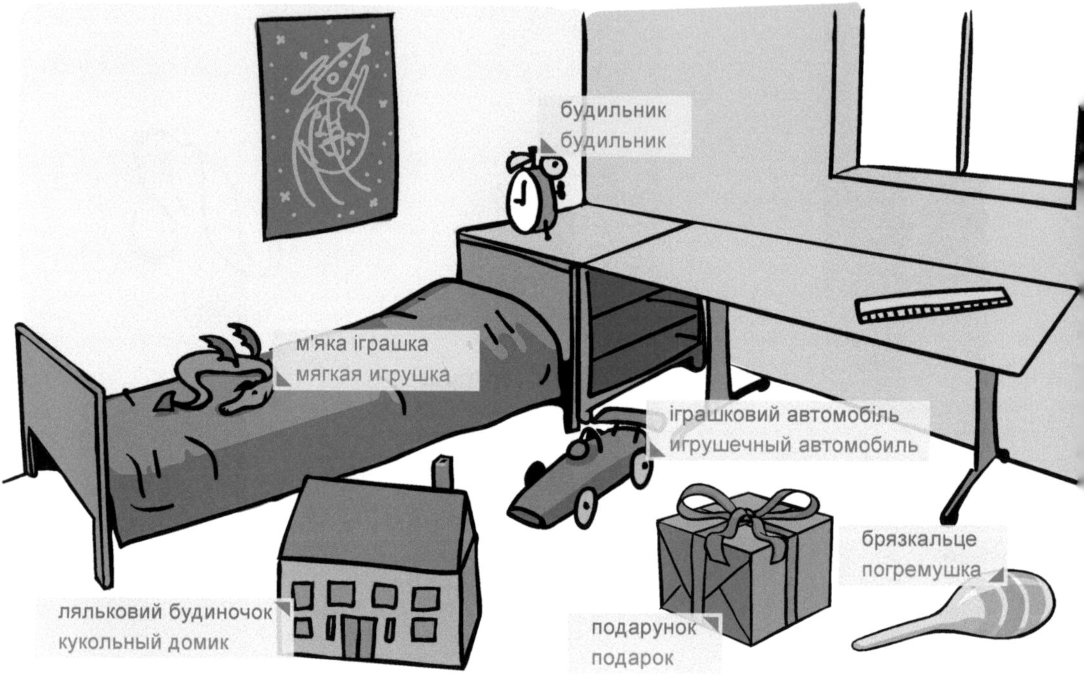
будильник
будильник
м'яка іграшка
мягкая игрушка
іграшковий автомобіль
игрушечный автомобиль
брязкальце
погремушка
ляльковий будиночок
кукольный домик
подарунок
подарок

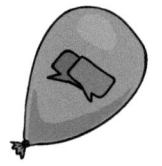

повітряна кулька

воздушный шар

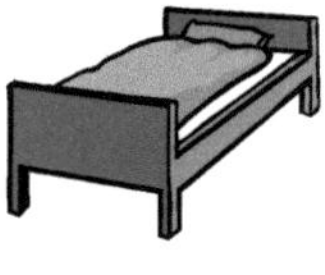

ліжко

кровать

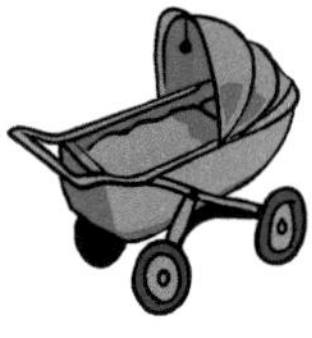

дитячий візок

детская коляска

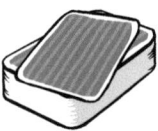

картярська гра

карточная игра

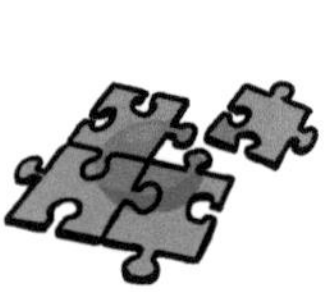

пазл

пазл

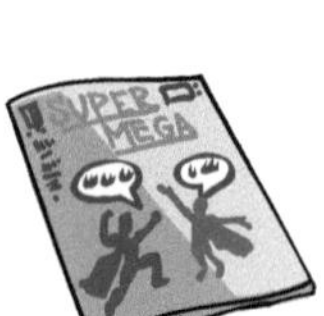
SUPER
MEGA

комікс

комикс

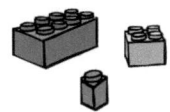

лего цеглинки

кирпичики Лего

блоки

кубики

іграшкова фігурка

игрушечная фигурка

повзунки

ползунки

фризбі

фрисби

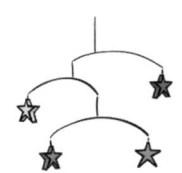

мобіле

мобиле

настільна гра

настольная игра

кубик

кубик

модель залізнична станція

модель железной дороги

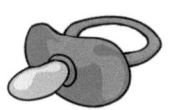

соска

соска

вечірка

вечеринка

книжка з картинками

книга с картинками

м'яч

мяч

лялька

кукла

грати

играть

пісочниця

песочница

гойдалка

качели

іграшка

игрушка

гральна консоль

игровая приставка

триколісний велосипед

трёхколесный велосипед

плюшевий мішка

плюшевый медвежонок

шафа

шкаф для одежды

одяг

одежда

шкарпетки

носки

панчохи

чулки

колготки

колготки

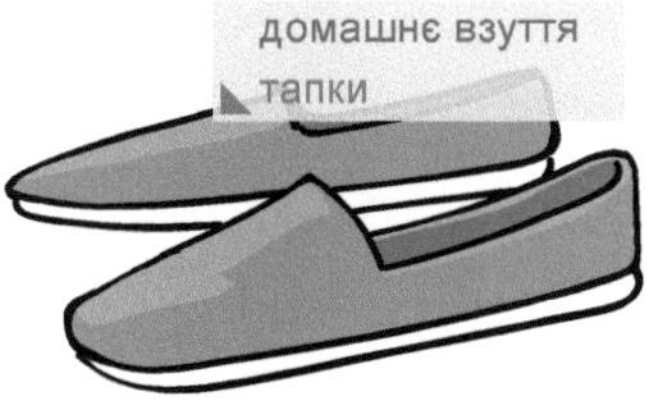

шарф
шарф

парасоля
зонтик

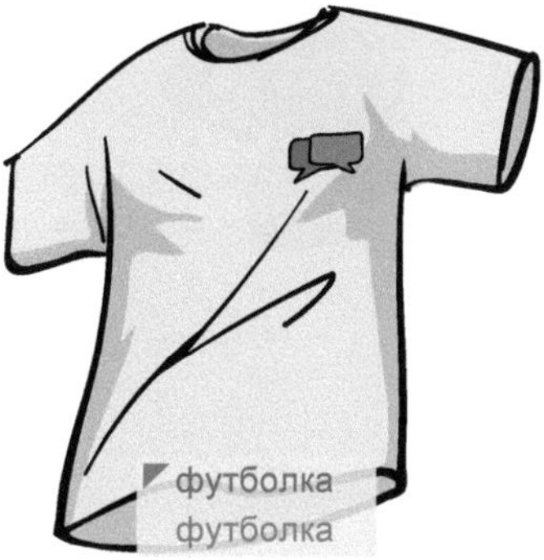

футболка
футболка

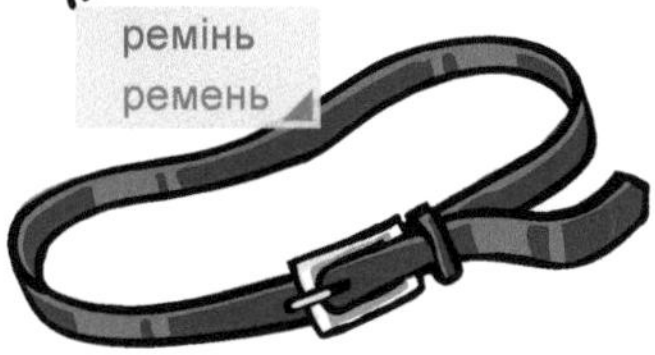

ремінь
ремень

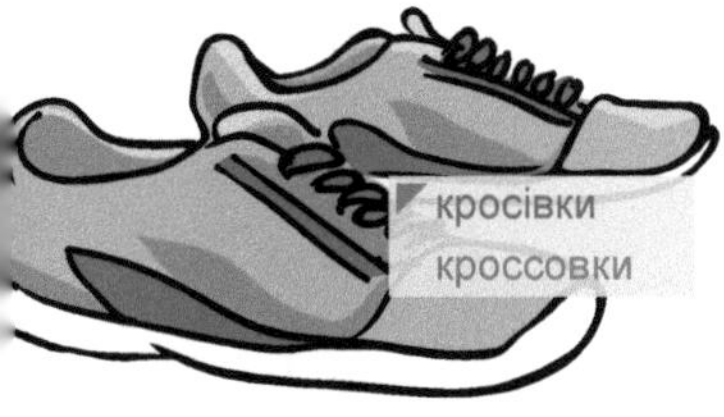

чоботи
сапоги

домашнє взуття
тапки

кросівки
кроссовки

сандалі
....
сандалии

взуття
....
ботинки

гумові чоботи
....
резиновые сапоги

труси
....
трусы

бюстгальтер
....
бюстгальтер

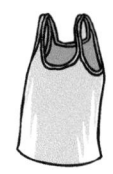

нижня сорочка
....
майка

боді

боди

штани

брюки

джинси

джинсы

спідниця

юбка

блузка

блузка

сорочка

рубашка

пуловер

свитер

светр

свитер

піджак

спортивная куртка

куртка

жакет

пальто

пальто

дощовик

плащ

костюм

костюм

сукня

платье

весільна сукня

свадебное платье

костюм

мужской костюм

нічна сорочка

ночная сорочка

піжама

пижама

сарі

сари

головна хустка

платок

чалма

тюрбан

бурка

паранджа

кафтан

кафтан

абая

абайя

купальник

купальник

плавки

плавки

шорти

шорты

тренувальний костюм

спортивный костюм

фартух

фартук

рукавички

перчатки

гудзик

пуговица

окуляри

очки

браслет

браслет

ланцюг

цепочка

кільце

кольцо

сережка

серьга

шапка

шапка

плічка

вешалка

капелюх

шляпа

краватка

галстук

застібка-блискавка

застежка молния

шолом

шлем

підтяжки

подтяжки

шкільна форма

школьная форма

уніформа

форма

одяг - одежда

нагрудник

детский нагрудник

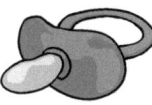

соска

соска

підгузок

подгузник

шаф для документів
канцелярский шкаф

сервер
сервер

принтер
принтер

монітор
монитор

папір
бумага

письмовий стіл
письменный стол

миша
мышь

папка
папка

синтезатор
клавиатура

кошик для паперу
корзина для бумаг

стілець
стул

комп'ютер
компьютер

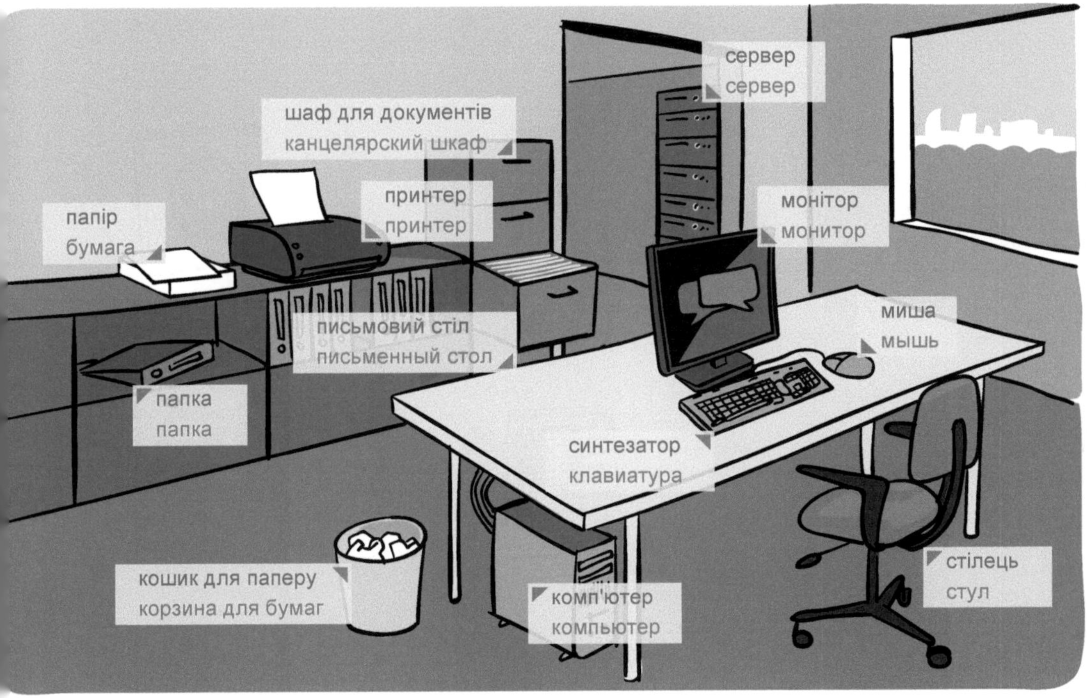

кавовий кухоль

кофейная кружка

калькулятор

калькулятор

інтернет

интернет

ноутбук

ноутбук

лист

письмо

повідомлення

сообщение

мобільний телефон

мобильный телефон

мережа

сеть

копіювальний пристрій

ксерокс

програмне забезпечення

программа

телефон

телефон

розетка

розетка

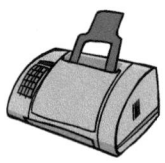

факс

факс

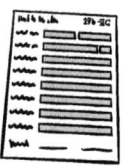

бланк

формуляр

документ

документ

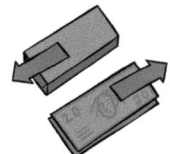

купувати

покупать

платити

платить

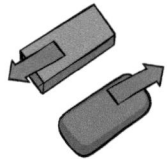

торгувати

торговать

гроші

деньги

долар

доллар

євро

евро

ієна

иена

рубль

рубль

франк

франк

юанів женьміньбі

жэньминьби юань

рупія

рупия

банкомат

банкомат

обмінний пункт

пункт обмена валюты

золото

золото

срібло

серебро

нафта

нефть

енергія

энергия

ціна

цена

контракт

договор

податок

налог

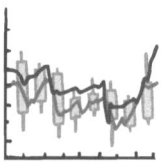

акція

акция

працювати

работать

працівник

служащий

роботодавець

работодатель

фабрика

фабрика

магазин

магазин

професії

профессии

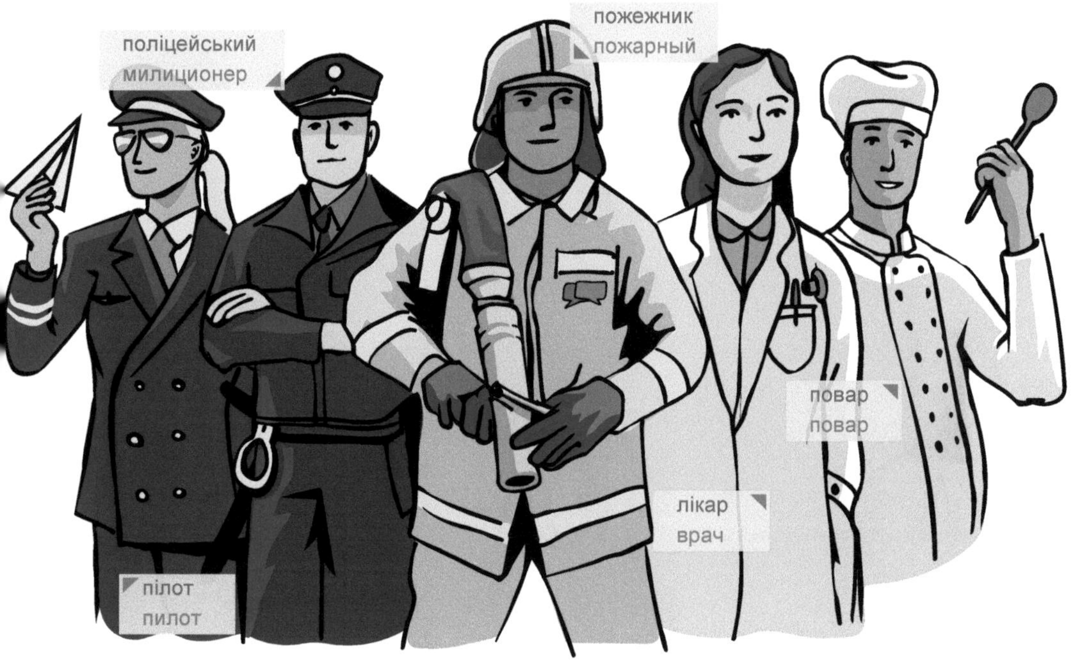

поліцейський
милиционер
пожежник
пожарный
повар
повар
лікар
врач
пілот
пилот

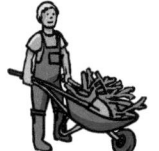

садівник

садовник

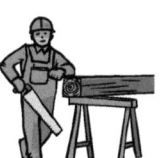

столяр

столяр

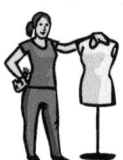

швачка

швея

суддя

судья

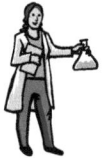

хімік

химик

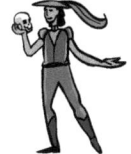

актор

актёр

водій автобуса

водитель автобуса

таксист

таксист

рибалка

рыбак

прибиральниця

уборщица

покрівельник

кровельщик

офіціант

официант

мисливець

охотник

художник

художник

пекар

пекарь

електрик

электрик

будівельник

строитель

інженер

инженер

забійник

мясник

бляхар

сантехник

листоноша

почтальон

солдат

солдат

архітектор

архитектор

касир

кассир

флорист

флорист

перукар

парикмахер

кондуктор

кондуктор

механік

механик

капітан

капитан

дантист

зубной врач

вчений

ученый

рабин

раввин

імам

имам

монах

монах

пастор

священник

інструменти

инструменты

молоток
молоток
щипці
плоскогубцы
викрутка
отвёртка
гайковий ключ
гаечный ключ
кишеньковий ліх
карманный фона

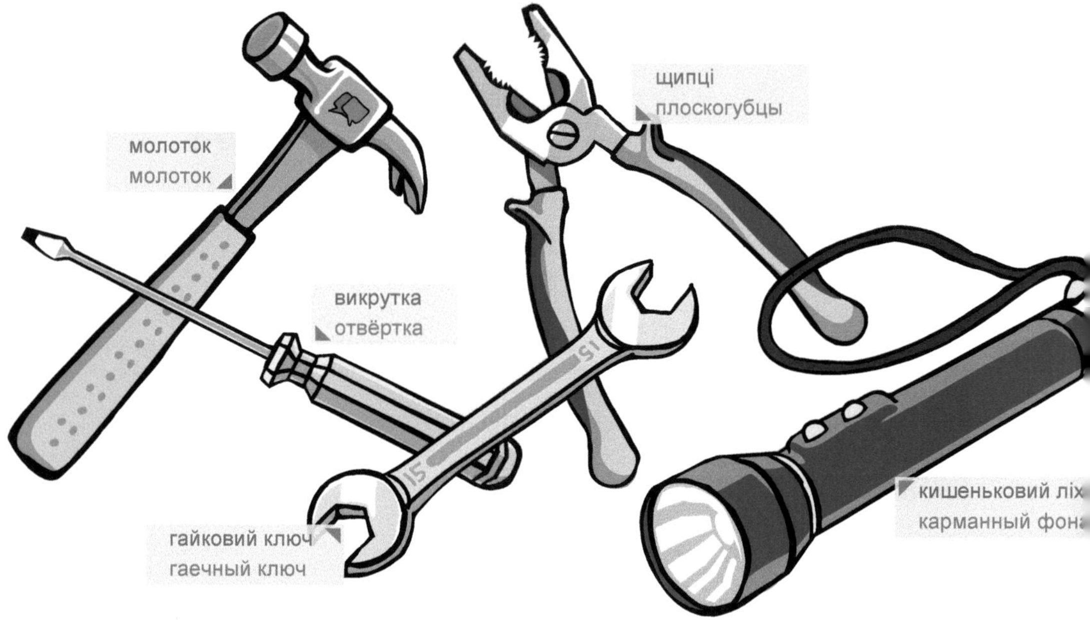

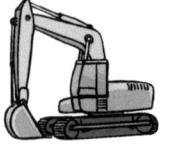

екскаватор

экскаватор

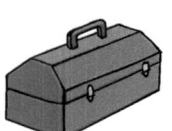

ящик для інструментів

ящик для инструментов

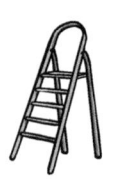

драбина

стремянка

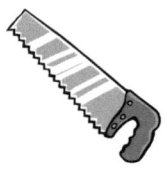

пилка

пила

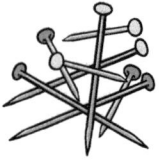

цвяхи

гвозди

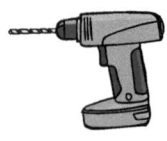

свердло

дрель

ремонтувати

ремонтировать

лопата

лопата

лайно!

Блин!

совок

совок

відро з фарбою

ведро с краской

гвинти

винты

музичні інструменти
музыкальные инструменты

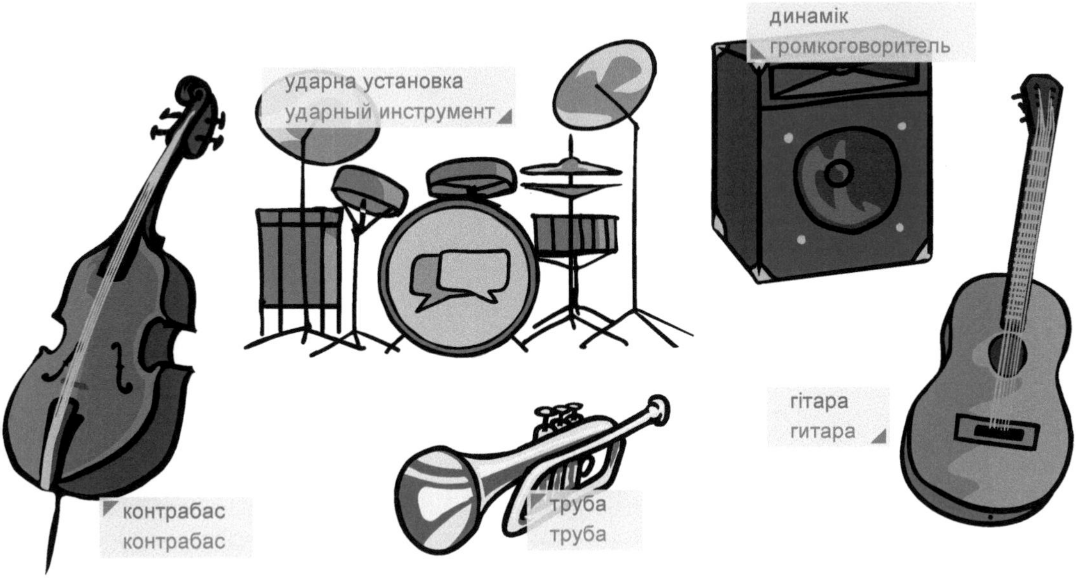

ударна установка
ударний инструмент

динамік
громкоговоритель

контрабас
контрабас

труба
труба

гітара
гитара

фортепіано

пианино

скрипка

скрипка

бас

бас-гитара

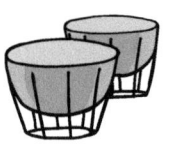

литаври

литавры

барабан

барабан

клавіатура

синтезатор

саксофон

саксофон

флейта

флейта

мікрофон

микрофон

музичні інструменти - музыкальные инструменты

зоопарк
зоопарк

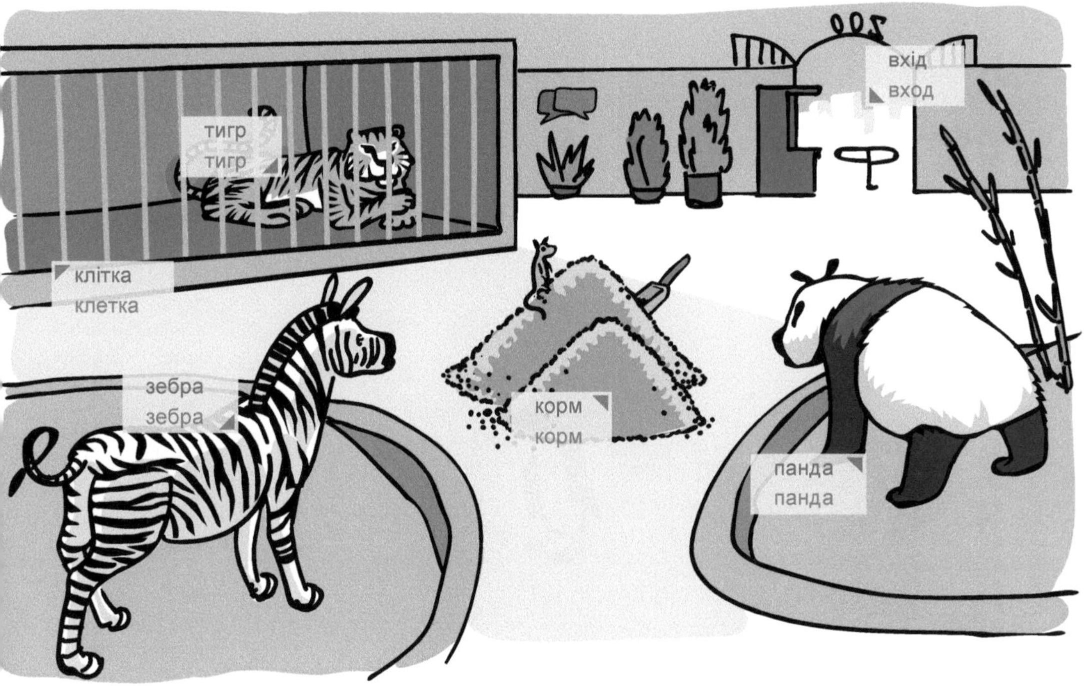
вхід
вход
тигр
тигр
клітка
клетка
зебра
зебра
корм
корм
панда
панда

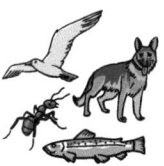

тварини

животные

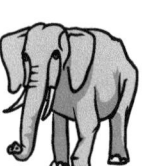

слон

слон

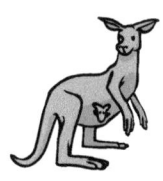

кенгуру

кенгуру

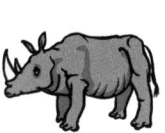

носоріг

носорог

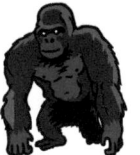

горила

горилла

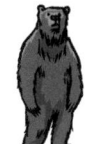

ведмідь

медведь

верблюд

верблюд

страус

страус

лев

лев

мавпа

обезьяна

фламінго

фламинго

папуга

попугай

білий ведмідь

белый медведь

пінгвін

пингвин

акула

акула

павич

павлин

змія

змея

крокодил

крокодил

працівник зоопарку

служитель зоопарка

тюлень

тюлень

ягуар

ягуар

зоопарк - зоопарк

поні
пони

леопард
леопард

гіпопотам
бегемот

жираф
жираф

орел
орёл

кабан
кабан

риба
рыба

черепаха
черепаха

морж
морж

лисиця
лиса

газель
газель

американський футбол
американский футбол

їзда на велосипеді
езда на велосипеде

теніс
теннис

баскетбол
баскетбол

плавання
плавание

бокс
бокс

хокей
хоккей

футбол
футбол

бадмінтон
бадминтон

легка атлетика
лёгкая атлетика

гандбол
гандбол

лижні перегони
лыжный спорт

поло
поло

дії

действия

сміятися
смеяться
стрибати
прыгать
обіймати
обнимать
йти
идти
співати
петь
мріяти
мечтать
молитися
молиться
цілувати
целовать

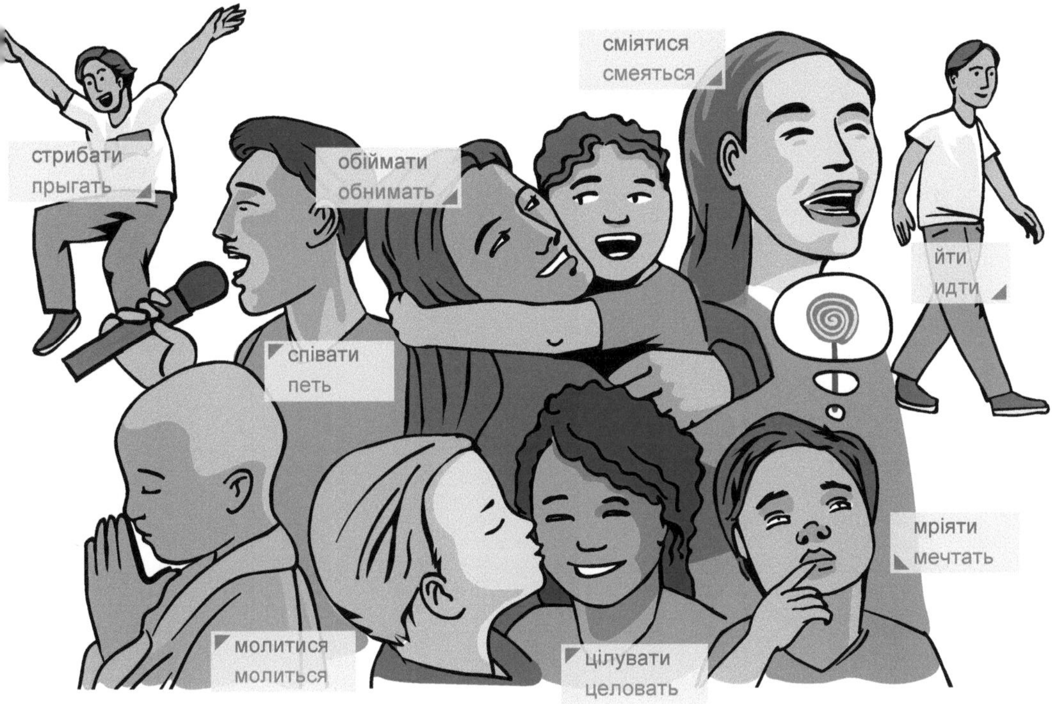

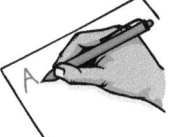

писати

писать

малювати

рисовать

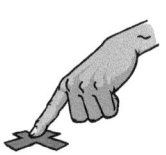

показувати

показывать

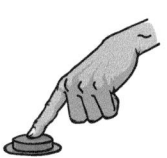

тиснути

нажимать

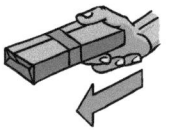

давати

давать

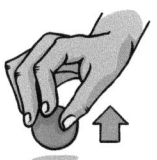

брати

брать

мати

иметь

робити

делать

бути

быть

стояти

стоять

бігати

бежать

тягнути

тянуть

кидати

бросать

падати

падать

лежати

лежать

очікувати

ждать

носити

носить

сидіти

сидеть

одягати

надевать

спати

спать

просипатися

просыпаться

дивитися

рассматривать

плакати

плакать

гладити

гладить

розчісувати

причесывать

розмовляти

говорить

розуміти

понимать

питати

спрашивать

слухати

слушать

пити

пить

їсти

кушать

прибирати

наводить порядок

любити

любить

варити

готовить

їхати

ехать

літати

летать

дії - действия

йти під вітрилом

ходить под парусом

рахувати

считать

читати

читать

вчитися

учиться

працювати

работать

одружуватися

вступать в брак

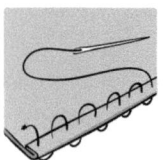

шити

шить

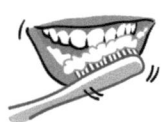

чистити зуби

чистить зубы

убивати

убивать

курити

курить

посилати

отправлять

бабуся
бабушка

дідуся
дедушка

батько
папа

мати
мама

немовля
младенец

донька
дочь

син
сын

гість

гость

тітка

тетя

дядько

дядя

брат

брат

сестра

сестра

тіло

тело

чоло
лоб
око
глаз
плече
плечо
палець
палец
обличчя
лицо
підборіддя
подбородок
кисть
кисть
груди
грудь
нога
нога
рука
рука

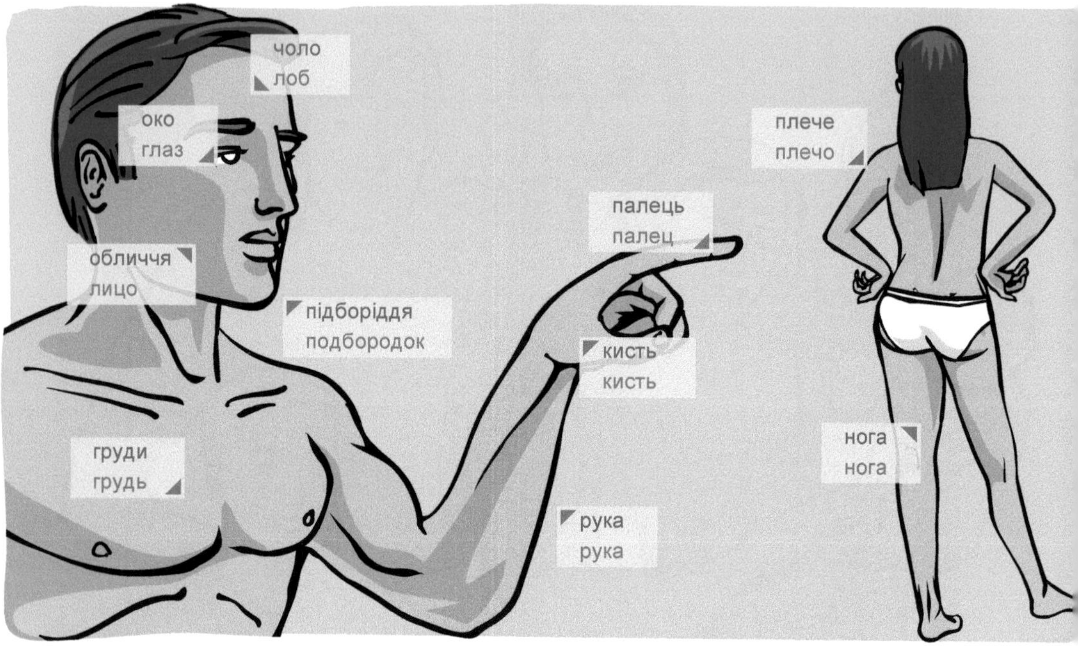

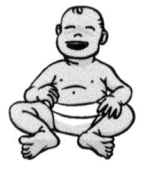

немовля

младенец

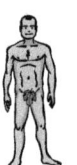

чоловік

мужчина

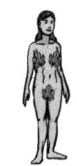

жінка

женщина

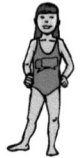

дівчина

девочка

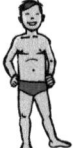

хлопчик

мальчик

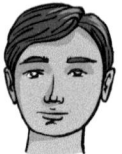

голова

голова

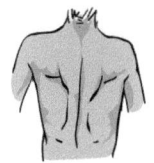

спина

спина

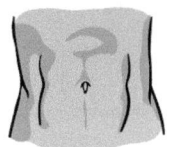

живіт

живот

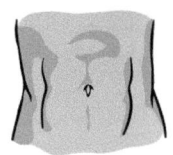

пуп

пупок

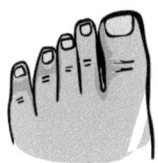

палець ноги

палец ноги

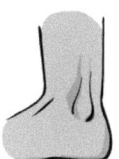

п'ята

пятка

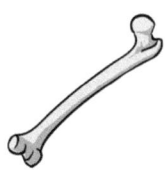

кістка

кость

стегно

бедро

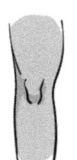

коліно

колено

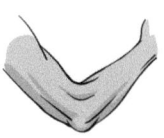

лікоть

локоть

ніс

нос

сідниці

ягодицы

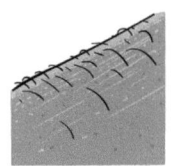

шкіра

кожа

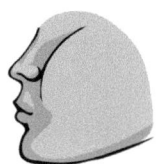

щока

щека

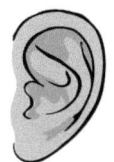

вухо

ухо

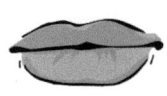

губа

губа

рот

рот

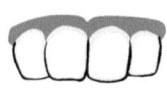

зуб

зуб

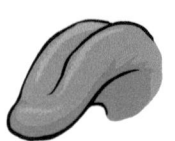

язик

язык

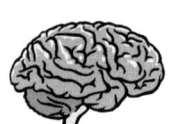

мозок

мозг

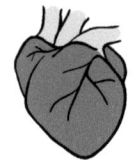

серце

сердце

м'яз

мышца

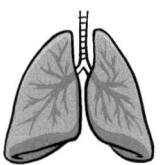

легені

лёгкое

печінка

печень

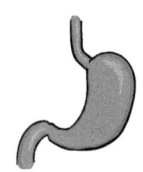

шлунок

желудок

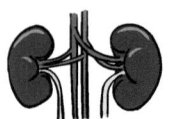

нирки

почки

статевий акт

половой акт

презерватив

презерватив

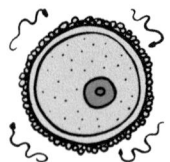

яйцеклітина

яйцеклетка

сперма

сперма

вагітність

беременность

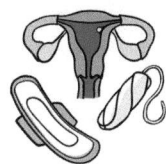

менструація
менструация

вагіна
вагина

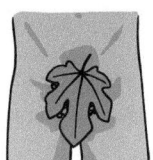

пеніс
пенис

брова
бровь

волосся
волосы

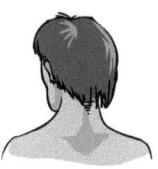

шия
шея

лікарня

больница

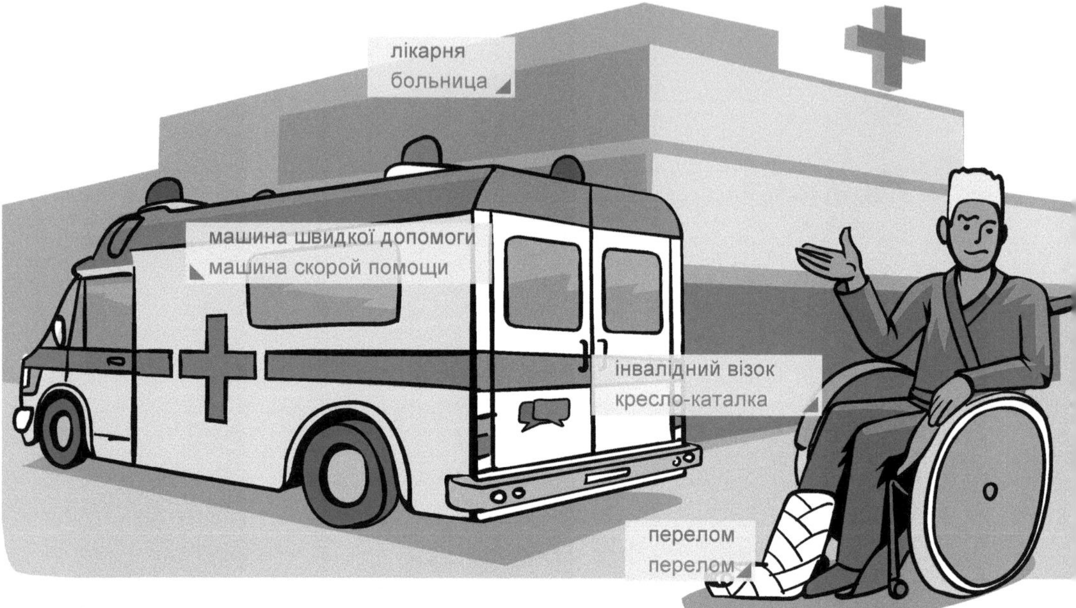

лікарня
больница
машина швидкої допомоги
машина скорой помощи
інвалідний візок
кресло-каталка
перелом
перелом

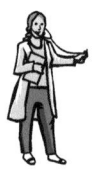

лікар

врач

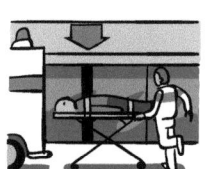

відділення швидкої медичної допомоги

пункт первой помощи

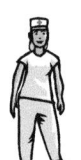

медсестра

медсестра

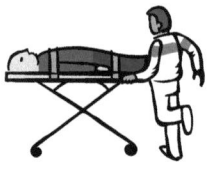

аварійний випадок

неотложный случай

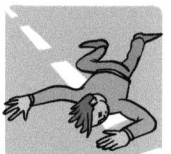

непритомний

без сознания

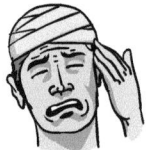

біль

боль

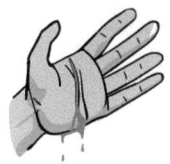

травма

повреждение

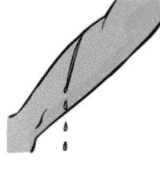

кровотеча

кровотечение

інфаркт

инфаркт

інсульт

инсульт

алергія

аллергия

кашель

кашель

лихоманка

повышенная температура

грип

грипп

пронос

понос

головна біль

головная боль

рак

рак

діабет

диабет

хірург

хирург

скальпель

скальпель

операція

операция

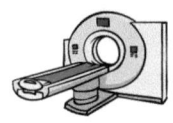

КТ
КТ

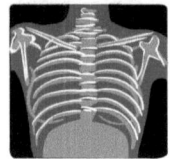

рентген
рентген

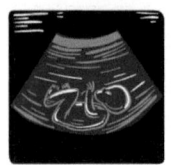

ультразвук
ультразвук

маска
маска

хвороба
болезнь

зал очікування
приёмная

милиця
костыль

пластир
пластырь

пов'язка
бинт

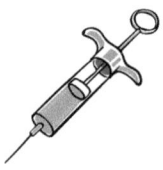

ін'єкція
укол

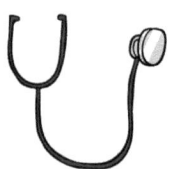

стетоскоп
стетоскоп

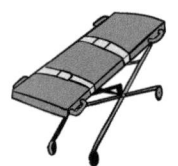

ноші
носилки

термометр
термометр

народження
рождение

надмірна вага
избыточный вес

слуховий апарат

слуховой аппарат

дезінфікуючий засіб

дезинфекционное средство

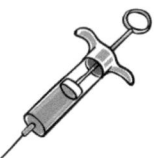

інфекція

инфекция

вірус

вирус

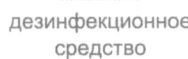

ВІЛ / СНІД

ВИЧ / СПИД

медицина

лекарство

вакцинація

прививка

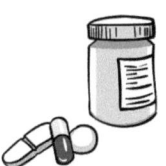

таблетки

таблетки

протизаплідна пігулка

противозачаточная таблетка

екстрений виклик

экстренный вызов

тонометр

прибор для измерения кровяного давления

хворий / здоровий

больной / здоровый

Допоможіть!
Помогите!

сигнал тривоги
сигнал тревоги

напад
нападение

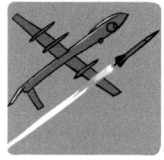

атака
атака

небезпека
опасность

аварійний вихід
запасной выход

Вогонь!
Пожар!

вогнегасник
огнетушитель

аварія
несчастный случай

аптечка
аптечка

СОС
SOS

поліція
милиция

Європа

Европа

Північна Америка

Северная Америка

Південна Америка

Южная Америка

Африка

Африка

Азія

Азия

Австралія

Австралия

Атлантика

Атлантический океан

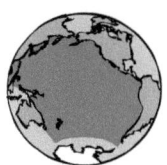

Тихий океан

Тихий океан

Індійський океан

Индийский океан

Антарктичний океан

Антарктический океан

Північний Льодовитий океан

Северный Ледовитый океан

Північний полюс

Северный полюс

Південний полюс

Южный полюс

Антарктика

Антарктика

Земля

земля

суша

суша

море

море

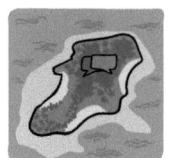

острів

остров

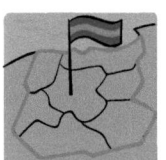

нація

нация

держава

государство

циферблат

циферблат

годинникова стрілка

часовая стрелка

хвилинна стрілка

минутная стрелка

секундна стрілка

секундная стрелка

Котра година?

Который час?

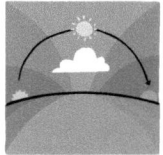

день

день

час

время

зараз

сейчас

цифровий годинник

электронные часы

хвилина

минута

година

час

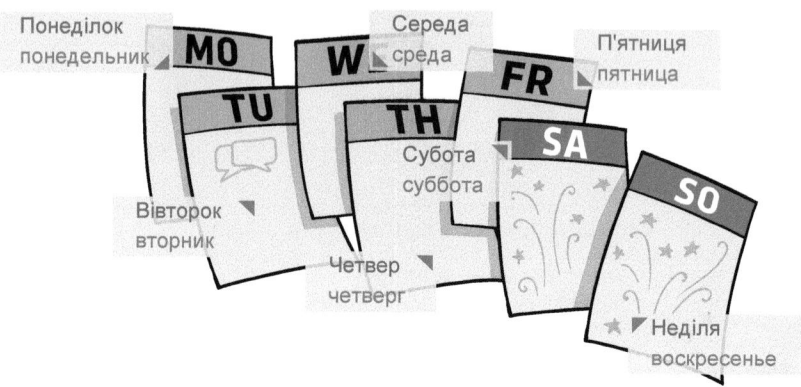

Понеділок / понедельник — MO
Середа / среда — W
П'ятниця / пятница — FR
Вівторок / вторник — TU
Четвер / четверг — TH
Субота / суббота — SA
Неділя / воскресенье — SO

вчора
вчера

сьогодні
сегодня

завтра
завтра

ранок
утро

опівдні
полдень

вечір
вечер

MO	TU	WE	TH	FR	SA	SU
1	2	3	4	5	6	7
8	9	10	11	12	13	14
15	16	17	18	19	20	21
22	23	24	25	26	27	28
29	30	31	1	2	3	4

робочі дні
рабочие дни

MO	TU	WE	TH	FR	SA	SU
1	2	3	4	5	6	7
8	9	10	11	12	13	14
15	16	17	18	19	20	21
22	23	24	25	26	27	28
29	30	31	1	2	3	4

кінець робочого тижня
выходные

дощ
дождь

веселка
радуга

сніг
снег

вітер
ветер

весна
весна

осінь
осень

літо
лето

зима
зима

4.APRIL	11°	☀
5.APRIL	4°	☁
6.APRIL	13°	☀
7.APRIL	8°	☀
8.APRIL	10°	☀

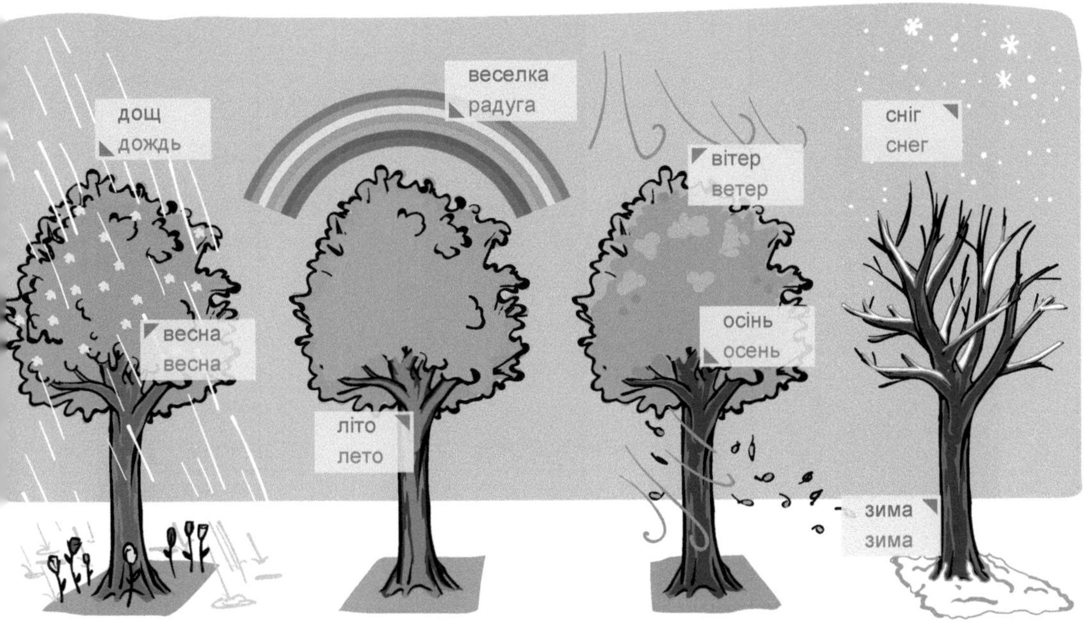

прогноз погоди
....
прогноз погоды

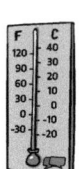

термометр
....
термометр

сонячне світло
....
солнечный свет

хмара
....
туча

туман
....
туман

вологість повітря
....
влажность воздуха

блискавка

молния

грім

гром

шторм

буря

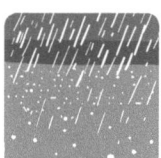

град

град

мусон

муссон

повінь

наводнение

лід

лёд

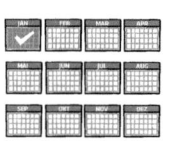

Січень

январь

Лютий

февраль

Березень

март

Квітень

апрель

Травень

май

Червень

июнь

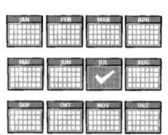

Липень

июль

Серпень

август

рік - год

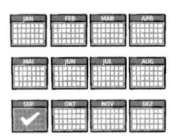

Вересень
....
сентябрь

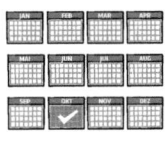

Жовтень
....
октябрь

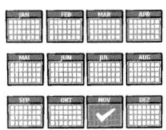

Листопад
....
ноябрь

Грудень
....
декабрь

форми

формы

круг
....
круг

квадрат
....
квадрат

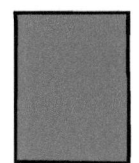

прямокутник
....
прямоугольник

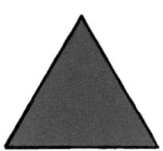

трикутник
....
треугольник

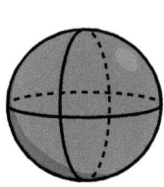

куля
....
шар

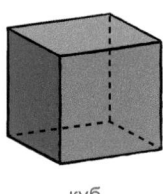

куб
....
куб

білий

белый

жовтий

желтый

помаранчевий

оранжевый

рожевий

розовый

червоний

красный

фіолетовий

лиловый

синій

синий

зелений

зелёный

коричневий

коричневый

сірий

серый

чорний

черный

багато / мало

много / мало

лютий / мирний

яростный / мирный

гарний / бридкий

красивый / уродливый

початок / кінець

начало / конец

великий / малий

большой / маленький

світлий / темний

светлый / темный

брат / сестра

брат / сестра

чистий / брудний

чистый / грязный

завершений / незавершений

полный / неполный

день / ніч

день / ночь

мертвий / живий

мёртвый / живой

широкий / вузький

широкий / узкий

їстівний / неїстівний

съедобный / несъедобный

злий / дружній

злой / дружелюбный

збуджений / нудьгуючий

взволнованный / скучающий

товстий / тонкий

толстый / худой

спочатку / востаннє

сначала / в конце

друг / ворог

друг / враг

повний / порожній

полный / пустой

жорсткий / м'який

твёрдый / мягкий

важкий / легкий

тяжёлый / легкий

голод / спрага

голод / жажда

хворий / здоровий

больной / здоровый

незаконний / законний

незаконный / законный

розумний / дурний

умный / глупый

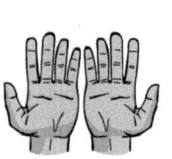

вліво / вправо

слева / справа

поруч / далеко

близко / далеко

новий / використаний

новый / подержанный

нічого / щось

ничто / нечто

старий / молодий

старый / молодой

вкл / викл

включено / выключено

відкрито / закрито

открыто / закрыто

тихо / гучно

тихо / громко

багатий / бідний

богатый / бедный

правильно / неправильно

правильный /
неправильный

шорсткий / гладкий

шероховатый / гладкий

сумний / щасливий

печальный / счастливый

короткий / довгий

короткий / длинный

повільно / швидко

медленный / быстрый

вологий / сухий

мокрый / сухой

гарячий / холодний

тёплый / прохладный

війна / мир

война / мир

0

нуль

ноль

1

один

один

2

два

два

3

три

три

4

чотири

четыре

5

п'ять

пять

6

шість

шесть

7

сім

семь

8

вісім

восемь

9

дев'ять

девять

10

десять

десять

11

одинадцять

одиннадцать

12

дванадцять

двенадцать

13

тринадцять

тринадцать

14

чотирнадцять

четырнадцать

15

п'ятнадцять

пятнадцать

16

шістнадцять

шестнадцать

17

сімнадцять

семнадцать

18

вісімнадцять

восемнадцать

19

дев'ятнадцять

девятнадцать

20

двадцять

двадцать

100

сто

сто

1.000

тисяча

тысяча

1.000.000

мільйон

миллион

англійська

английский

американська англійська

американский английский

китайська
високочиновницька

мандаринский китайский

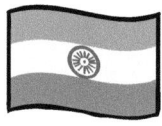

хінді

хинди

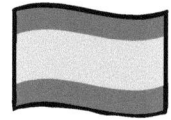

іспанська

испанский

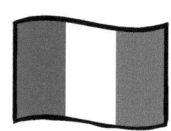

французька

французский

арабська

арабский

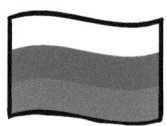

російська

русский

португальська

португальский

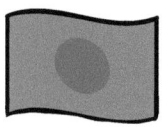

бенгальська

бенгальский

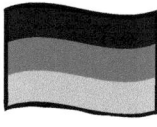

німецька

немецкий

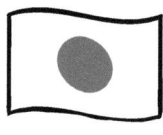

японська

японский

я
я

ти
ты

він / вона / воно
он / она / оно

ми
мы

ви
вы

вони
они

хто?
кто?

що?
что?

як?
как?

де?
где?

коли?
когда?

ім'я
имя

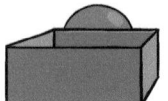

ззаду

за

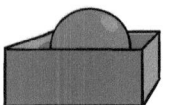

в

в

перед

перед

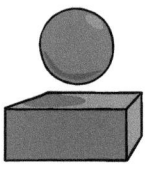

над

над

на

на

під

под

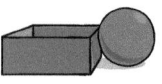

біля

рядом

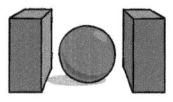

між

между

місце

место